SOPHIE
UND DAS ROTE KLEID

VILMA COSTETTI
MONICA RINALDINI

Bedürfnisse und Strategien
Band 2

Junfermann Verlag · Paderborn
2006

SOPHIE HAT EINEN
WUNDERSCHÖNEN TRAUM.

SIE TANZT IN DEM ROTEN KLEID,
DAS OMA IHR GESCHENKT HAT.

IN BESTER STIMMUNG
WACHT SIE AUF
UND DENKT ...

„ICH WACHSE
UND WERDE GROSS!“

„HEUTE ENTSCHEIDE ICH MAL SELBST, WAS ICH ZUR SCHULE ANZIEHE!“

UND SO ZIEHT SIE IHR ROTES KLEID AN.

ABER BEIM FRÜHSTÜCK SAGT PAPA:

„SOPHIE, ES SCHNEIT. DU WIRST FRIEREN,
SO WIE DU ANGEZOGEN BIST.
SCHNELL, ZIEH DICH UM!“

SOPHIE SCHMOLLT

UND WILL GAR NICHTS MEHR ESSEN.

„BIST DU ÄRGERLICH?“ FRAGT PAPA.

„MÖCHTEST DU WIE EIN GROSSES MÄDCHEN BEHANDELT WERDEN UND SELBST ENTSCHEIDEN, WAS DU ANZIEHST?“

„JA!“ ANTWORTET SOPHIE.
„ICH MÖCHTE DIESES KLEID ANHABEN!“

„ICH FREUE MICH, DASS DU DICH ALLEINE ANZIEHEN KANNST“, SAGT PAPA.

„ABER ICH BIN AUCH EIN WENIG BESORGT, DENN ICH MÖCHTE, DASS DU GESUND BLEIBST.“

PAPA HAT VERSTANDEN,
DASS SOPHIE EIN BEDÜRFNIS
NACH UNABHÄNGIGKEIT HAT,
UND SOPHIE FÜHLT SICH
GLEICH BESSER.

VIELLEICHT FINDET SIE ETWAS,
DAS IHR GEFÄLLT, ...

... OHNE DASS SIE KRANK WERDEN MUSS,
WENN SIE ES ANZIEHT.

SIE KÖNNTE IHRE STRÜMPFE MIT DEM HERZMUSTER ANZIEHEN UND IHREN LILA PULLOVER MIT EINEM TUCH ODER ...

IHR WEICHES,
WARMES ROSA
WOLLKLEID.

DENN EINE BALLERINA
– SO VIEL STEHT FEST –

NICHT EINFACH EINE
ERKÄLTUNG ZULÄSST.

MÖCHTEST DU
MIT MIR
SPIELEN?

FAKTEN ...

WANN IST SOPHIE GLÜCKLICH, WENN SIE DENKT, DASS SIE GROSS IST?

WENN SIE SICH ALLEINE ANZIEHT.

WENN SIE ALLEINE ISST.

WENN SIE SICH ALLEINE WÄSCHT.

WENN SIE VON ALLEINE INS BETT GEHT.

EFÜHLE ...

E FÜHLT SICH SOPHIE, WENN PAPA ERRÄT, WAS IN IHREM HERZEN VOR SICH GEHT?
NDE ES HERAUS, INDEM DU DEN WEGEN FOLGST.

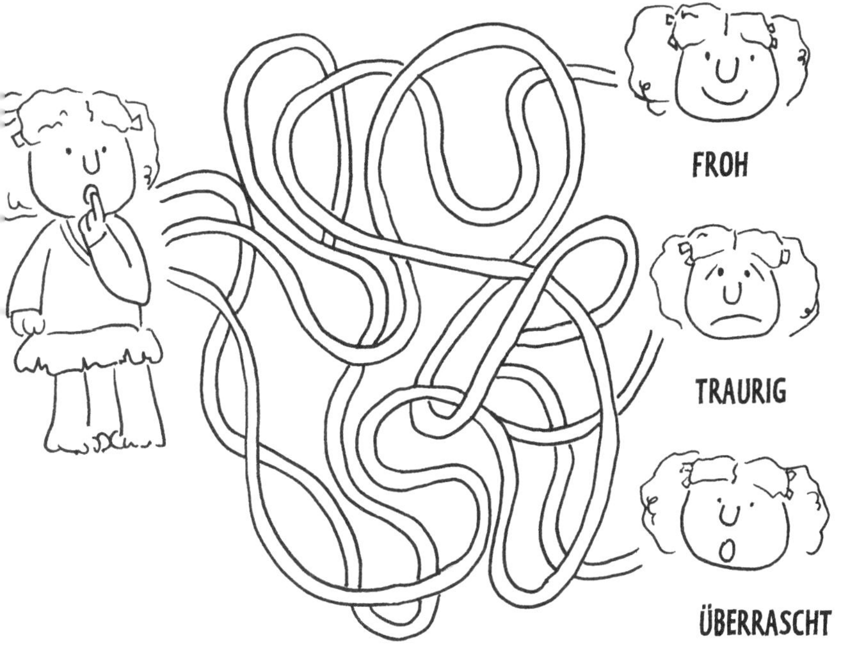

BEDÜRFNISSE ...

SOPHIE BRAUCHT UNABHÄNGIGKEIT.
WAS BEDEUTET UNABHÄNGIGKEIT?

EINEN AUSFLUG MIT DEM AUTO MACHEN.

EIN ROTES KLEID ANHABEN.

ETWAS SELBST TUN.

STRATEGIEN ...

AUCH BEI DEN MAHLZEITEN BRAUCHT SOPHIE UNABHÄNGIGKEIT.
HEUTE MÖCHTE SIE GERNE WÜRSTCHEN ESSEN,
ABER MAMA HAT EIN SCHNITZEL GEBRATEN. WAS KANN SIE TUN?

FÜR MÜTTER UND VÄTER

Es gibt keine guten und keine schlechten Kinder. Es gibt nur Kinder, deren Verhalten entweder zur Erfüllung unserer Bedürfnisse beitragen kann – oder aber auch nicht. Die *Gewaltfreie Kommunikation* ermutigt Eltern, sich auf eine mit dem Leben verbundene Art und Weise auszudrücken, indem sie ihre Gefühle und ihre erfüllten oder unerfüllten Bedürfnisse teilen und nicht ihre positiven oder negativen Beurteilungen ihrer Kinder. Eltern können ihren Kindern ein Beispiel dafür geben, wie sie ihre natürliche Kommunikationsfähigkeit entwickeln und wie sie immer mit ihren Gefühlen und Bedürfnissen verbunden sein können. Mit dieser Buchserie über Bedürfnisse und Strategien möchten wir Kindern – aber auch Eltern, die sie in ihrer Entwicklung unterstützen – erklären, worin der subtile, aber fundamentale Unterschied besteht zwischen Bedürfnissen und Strategien, um diese Bedürfnisse zu erfüllen.

Alle Menschen, Erwachsene wie kleine Kinder, teilen die selben Bedürfnisse. Bedürfnisse können aber durch unterschiedliche Strategien erfüllt werden. Wir alle benötigen z.B. Sicherheit und Schutz, möchten Spaß usw. Es gibt jedoch viele Möglichkeiten, diese Bedürfnisse zu befriedigen. Indem wir für die Bedürfnisse unserer Kinder empathisch sind, bestärken wir deren Kreativität. Wir ermutigen sie, sich an der Vielfalt und dem Reichtum dieser Welt zu erfreuen.

Wenn wir uns des Unterschiedes zwischen Bedürfnissen und Strategien bewusst sind, insbesondere in unseren zwischenmenschlichen Beziehungen, dann trägt das dazu bei, Respekt und gegenseitiges Verständnis zu fördern – und darum geht es in dieser Buchserie.

Vorgefasste Strategien können aufgegeben werden zugunsten neuer Strategien, die aus dem Dialog und der Interaktion entstehen.

So wird es wahrscheinlicher, dass die Bedürfnisse aller Beteiligten erfüllt werden.

edition junferlino

Mehr Informationen über Gewaltfreie Kommunikation finden Sie ...

in Deutschland unter:
www.gewaltfrei.de

in den USA:

Center for Nonviolent Communication, CNVC
2428, Foothill Blvd., Suite E, La Crescenta,
CA 91214, USA
Tel.: 001-818-957 9393
Fax: 001- 818-957 1424
eMail: cnvc@cnvc.org
www.cnvc.org

Originaltitel: Jolanda e il vestito rosso

ISBN-10: 3-87387-647-7
ISBN-13: 978-3-87387-647-7

In der Reihe

edition junferlino

sind bisher folgende Titel erschienen:

Informationen zu den Grundlagenbüchern der *Gewaltfreien Kommunikation (GFK)* finden Sie bei

www.junfermann.de